KB213766

재미있고 똑똑한 100점 받아쓰기 1권

2013년 5월 15일 초판 1쇄 발행 | 2013년 5월 10일 초판 1쇄 인쇄

글 정명숙 | 그림 김은경

펴낸이 정태선
기획·편집 안경란·이소영 | 디자인 고정자·이상명 | 마케팅 김현우

펴낸곳 파란정원 | 출판등록 제395-2010-000070호
주소 서울시 서대문구 홍제동 90-15 2층 | 전화 02-6925-1628 | 팩스 02-723-1629 | 전자우편 eatingbooks@naver.com
종이 진영지업 | 인쇄 조일문화인쇄사 | 제본 경문제책사

글ⓒ 정명숙 2013
ISBN 978-89-94813-42-4 63710
이 도서의 국립중앙도서관 출판시도서목록(CIP)은 e-CIP 홈페이지(http://www.nl.go.kr/ecip)에서
이용하실 수 있습니다.(CIP제어번호: CIP2013004398)

글 정명숙 | 그림 김은경

파란정원

《재미있고 똑똑한 100점 받아쓰기》로 한글의 달인이 되세요

"선생님, 차례의 례는 야이로 써요, 여이로 써요?"
"오뚝이는 소리 나는 대로 써요, 아니면 받침 글자로 써요?"

받아쓰기 시간이 되면 갑자기 쏟아지는 학생들의 질문에 정신이 없어질 때가 있습니다. 어린이 여러분의 받아쓰기 시간은 어떤가요?

여러분의 받아쓰기에 관한 모든 궁금증을 해결해 주기 위해 《재미있고 똑똑한 100점 받아쓰기》를 만들었습니다. 낱말을 소리 내서 읽고 받아쓰기를 하는 것부터 시작해서, 다양한 법칙에 따라 쓰는 글자와 발음하는 소리가 달라지는 이유를 알아보고, 헷갈리지 않고 정확하게 받아쓰기를 할 수 있는 방법까지 재미있는 만화와 친절한 설명으로 알차게 구성했습니다.

단순하게 교과서에 나오는 순서대로 외워서 받아쓰기를 하면, 똑같은 원리를 지닌 낱말이 나와도 그 단어를 따로 외우지 않았기

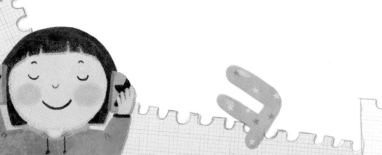

때문에 틀리는 일이 종종 생깁니다. 그래서 받아쓰기는 한글맞춤법과 표준발음법을 기준으로 같은 법칙에 따르는 낱말을 함께 공부하는 것이 좋습니다.

《재미있고 똑똑한 100점 받아쓰기》는 같은 원리를 가진 낱말을 모아 만들었기 때문에 단계별로 제시된 단어를 읽고 따라 쓰는 사이 자연스럽게 그 원리를 깨칠 수 있습니다. 가장 쉬운 1단계, 받침이 없는 쉬운 글자부터 가장 어려운 18단계, 원고지 쓰는 법까지 차근차근 단계를 밟고 올라가다 보면 어휘력뿐만 아니라 문장 구성력까지 부쩍 성장해 있는 여러분의 모습을 만날 수 있을 것입니다.

《재미있고 똑똑한 100점 받아쓰기》를 통해 이 땅의 어린이 여러분 모두가 세종대왕이 자랑스러워하는 한글의 달인이 되었으면 하는 바람입니다.

한글과 아이들을 사랑하는 지은이 씀

★**부모님께**
《재미있고 똑똑한 100점 받아쓰기》로 익힌 단계별 성취도를 확인할 수 있도록 낱말, 구절과 문장 받아쓰기의 문제(정답지)를 정확히 읽어 주시고, 함께 확인해 주세요.

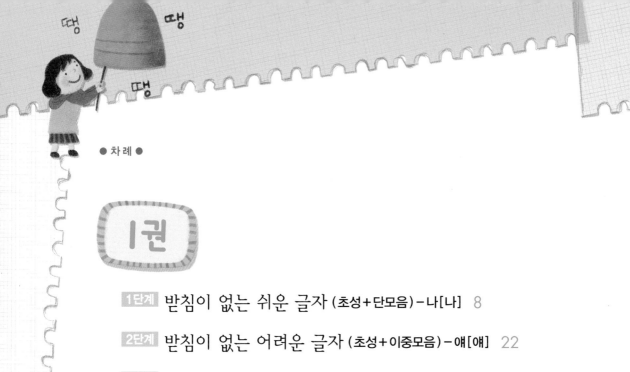

● 차례 ●

1권

2권

받침이 없는 쉬운 글자
(초성+단모음) - 나[나]

> 'ㅏ, ㅐ, ㅓ, ㅔ, ㅗ, ㅚ, ㅜ, ㅟ, ㅡ, ㅣ'와 같이 소리를 내는 도중에 입술 모양이나 혀의 위치가 고정되어 처음과 나중이 달라지지 않는 모음

헷갈리기 쉬운 단모음 ㅐ와 ㅔ

모음 ㅐ와 ㅔ는 서로 비슷하게 소리 나기 때문에 쉬운 단모음 글자인데도, 자주 실수를 하게 되지요. 하지만 'ㅐ'와 'ㅔ'는 발음을 할 때 혀의 위치와 입술의 모양이 달라요. 그래서 말을 하거나 들을 때 발음에 신경 쓰면서, 받아쓰기 연습을 하면 곧 익숙해질 수 있어요.

모음 ㅔ와 ㅐ를 발음할 때, 입 모양을 자세히 살펴보세요.

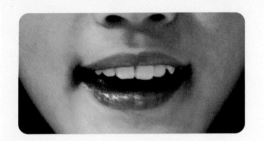

ㅔ는 ㅣ보다 입을 좀 더 열고 내는 소리로 혀의 앞부분을 반 정도 올리고 입술을 편 상태에서 발음해요.

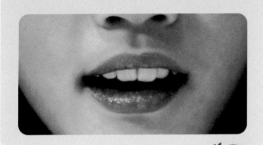

ㅐ는 ㅔ보다 입을 좀 더 열고 내는 소리로 입을 제법 벌린 상태에서 혀를 아래턱에 붙이고 혀의 앞부분을 조금만 높여 발음해요.

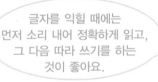

글자를 익힐 때에는 먼저 소리 내어 정확하게 읽고, 그 다음 따라 쓰기를 하는 것이 좋아요.

입 모양이 ㅣ < ㅔ < ㅐ 순으로 더 벌어지는 것을 알 수 있어요.

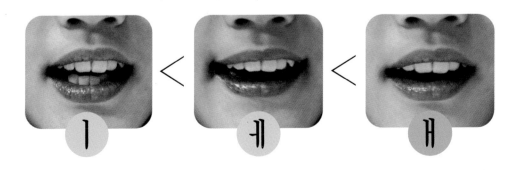

ㅣ < ㅔ < ㅐ

① 가로로 만나 이루어진 글자

차 ➡ ㅊ + ㅏ

> 자음자와 모음자가
> 모이면 한 글자가 되어요.
> 한 글자로 이루어진
> 단어를 생각해 보세요.

② 세로로 만나 이루어진 글자

소 ➡ ㅅ + ㅗ

헷갈리기 쉬운 글자

개   게   내 가   네 가

✏️ 반침이 없는 글자의 짜임에 맞게 빈칸에 옮겨 써 보세요.

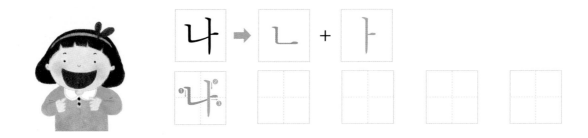

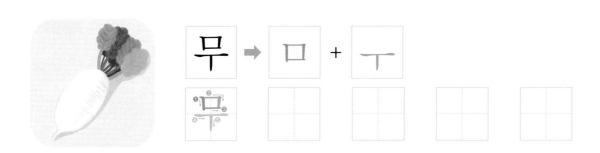

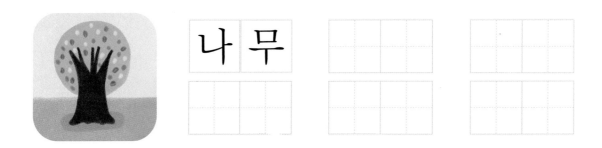

낱말을 소리 내어 읽은 후 빈칸에 따라 쓰세요.

개

게

제비

고래

✏️ 자음 + 모음(ㅗ, ㅡ)이 합쳐진 글자는 △ 모양에 맞춰 써요.

그네

고구마

✏️ 자음 + 모음(ㅏ, ㅓ, ㅣ)이 합쳐진 글자는 ◁ 모양에 맞춰 써요.

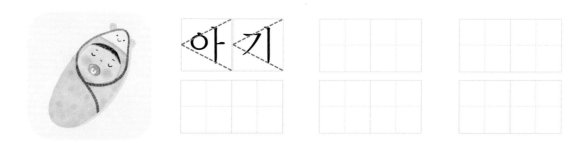

아기

 자음 + 모음(ㅜ)이 합쳐진 글자는 ◇ 모양에 맞춰 써요.

어휘력 키우기

보기에서 알맞은 낱말을 찾아 빈칸에 써 보세요.

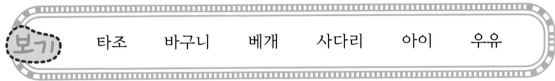

보기   타조   바구니   베개   사다리   아이   우유

❶ 나이가 어린 사람을 [ ][ ] 라고 합니다.

❷ [ ][ ][ ] 는 소의 젖을 살균하여 만든 음료입니다.

❸ 대나 싸리로 둥글게 얽어 만든 그릇을 [ ][ ][ ][ ] 라고 합니다.

❹ [ ][ ][ ][ ] 는 오르내릴 때 디디는 기구입니다.

❺ 날지는 못하지만 새 중에서 가장 큰 새는 [ ][ ] 입니다.

❻ [ ][ ] 는 잠을 자거나 누울 때에 머리에 괴는 물건입니다.

✏️ 글자의 짜임에 맞게 빈칸에 옮겨 써 보세요.

① 우리는 하나

② 지우개와 가위

> 한 토막의 말이나 글은 **구절**,
>
> 생각이나 감정을 말과 글로 표현할 때 완결된 내용을 나타내는 최소의 단위는 **문장**이라고 해요.

③ 마차를 타세요.

④ 배가 아파 배나무

⑤ 아! 이가 아파요.

불러 주는 낱말을 잘 듣고 받아쓰기 하세요.

예쁘게 한 번 더 써 보세요.

❶

❷

❸

❹

❺

❻

❼

❽

❶

❷

❸

❹

❺

❻

❼

❽

구절과 문장 받아쓰기

불러 주는 구절과 문장을 잘 듣고 받아쓰기 하세요.

❶

❷

❸

❹

❺

틀린 문장이 있다면
다시 써 보세요.

이야기 보따리에 '리'자로 끝나는 말을 가득 채워 보세요.

댑싸리

울타리

목소리

단모음(ㅏ, ㅐ, ㅓ, ㅔ, ㅗ, ㅚ, ㅜ, ㅟ, ㅡ, ㅣ)으로 시작하는 단어를 연결해 적어 보세요.

★ **위장** 위와 창자를 아울러 이르는 말

ㅇ → 아이 — 애 — 어린이 — 에 — 오이 — 외 — 우유 — 위장★ — 으뜸 — 이

게시판 — 거 — 개나리 — 가 — ㄱ
고 — 괴물 — 구 — 귀신 — 그 — 기차

★ **뇌우** 천둥소리와 함께 내리는 비

니 — 느낌표 — 뉘우침 — 누
ㄴ → 나라 — 내 — 너구리 — 네 — 뇌우★ — 노래

받침이 없는 어려운 글자

(초성+이중모음) - 얘[얘]

'ㅑ, ㅕ, ㅛ, ㅠ, ㅘ, ㅝ, ㅢ, ㅐ, ㅖ, ㅙ, ㅞ'와 같이 발음하는 동안 음성 기관의 상태가 변하는 모음

얘와 애의 차이

얘 는 이 아이의 준말이고, 애 는 아이의 준말이에요.
가까운 곳에 있는 아이를 가리킬 때는 정확하게 '얘' 라고 발음해야 해요.
이때 '얘' 를 '애' 라고 발음하면 어린아이를 말하고 있다고 오해할 수 있어요.

단모음 사이를 빨리 이동해서 발음하면 이중모음 이 만들어져요.

ㅑ 소리는 ㅣ의 발음 위치에서 시작하여 재빨리 ㅏ 소리로 바꾸어 발음해요.	아 =	야
ㅕ 소리는 ㅣ의 발음 위치에서 시작하여 재빨리 ㅓ 소리로 바꾸어 발음해요.	어 =	여
ㅛ 소리는 ㅣ의 발음 위치에서 시작하여 재빨리 ㅗ 소리로 바꾸어 발음해요.	오 =	요
ㅠ 소리는 ㅣ의 발음 위치에서 시작하여 재빨리 ㅜ 소리로 바꾸어 발음해요.	우 =	유
ㅒ 소리는 ㅣ의 발음 위치에서 시작하여 재빨리 ㅐ 소리로 바꾸어 발음해요.	애 =	얘
ㅖ 소리는 ㅣ의 발음 위치에서 시작하여 재빨리 ㅔ 소리로 바꾸어 발음해요.	에 =	예

이

ㅘ 소리는 ㅗ의 발음 위치에서 시작하여 재빨리 ㅏ 소리로 바꾸어 발음해요.	아 =	와
ㅙ 소리는 ㅗ의 발음 위치에서 시작하여 재빨리 ㅐ 소리로 바꾸어 발음해요.	애 =	왜

오

ㅝ 소리는 ㅜ의 발음 위치에서 시작하여 재빨리 ㅓ 소리로 바꾸어 발음해요.	어 =	워
ㅞ 소리는 ㅜ의 발음 위치에서 시작하여 재빨리 ㅔ 소리로 바꾸어 발음해요.	에 =	웨

우

ㅢ 소리는 ㅡ의 발음 위치에서 시작하여 재빨리 ㅣ 소리로 바꾸어 발음해요.	이 =	의

으

❶ 가로로 만나 이루어진 글자

벼 ➡ ㅂ + ㅕ

> 자음자와 모음자가
> 모이면 한 글자가 되어요.
> 자음자와 이중모음이 만나
> 만들 수 있는 한 글자 낱말을
> 생각해 보세요.

❷ 세로로 만나 이루어진 글자

쇼 ➡ ㅅ + ㅛ

헷갈리기 쉬운 글자

애   예   왜   웨

✏️ 글자의 짜임에 맞게 빈칸에 옮겨 써 보세요.

혀 ➡ ㅎ + ㅕ

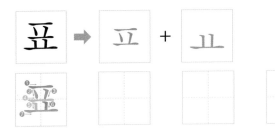

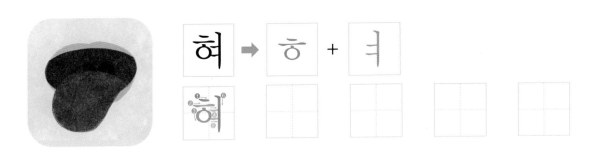

표 ➡ ㅍ + ㅛ

겨 울

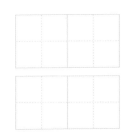
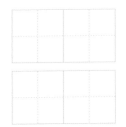

26

낱말을 소리 내어 읽은 후 빈칸에 따라 쓰세요.

여 우

유 리

이 야 기

돼 지

✏️ 자음 + 모음(ㅛ)이 합쳐진 글자는 △ 모양에 맞춰 써요.

효 도

요 리 사

✏️ 자음 + 모음(ㅑ, ㅒ, ㅕ, ㅖ)이 합쳐진 글자는 ◁ 모양에 맞춰 써요.

야 구

차례

 자음 + 모음(ㅠ)이 합쳐진 글자는 ◇ 모양에 맞춰 써요.

쥬스

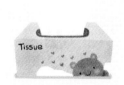

휴지

우유

보기 에서 알맞은 낱말을 찾아 빈칸에 써 보세요.

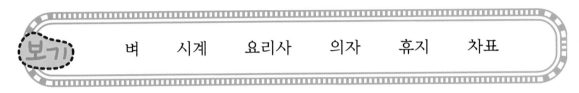

보기   벼   시계   요리사   의자   휘지   차표

❶ 쌀의 껍질을 벗기지 아니한 것을 ☐☐ 라고 합니다.

❷ ☐☐☐ 는 차를 타기 위하여 돈을 주고 사는 표입니다.

❸ 시간을 나타내는 기계를 ☐☐☐ 라고 합니다.

❹ ☐☐☐ 는 걸터앉아 몸을 기대는 물건입니다.

❺ 코를 푸는 데 쓰는 얇은 종이를 ☐☐ 라고 합니다.

❻ ☐☐☐☐ 는 요리를 만드는 사람입니다.

✏️ 글자의 짜임에 맞게 빈칸에 옮겨 써 보세요.

❶ 애는 누구니?

❷ 무늬가 예뻐요.

❸ 차례를 지켜요.

❹ 돼지고기와 소고기

❺ 누나는 요리사예요.

낱말 받아쓰기

예쁘게 한 번 더 써 보세요.

✏️ 불리 주는 낱말을 잘 듣고 받아쓰기 하세요.

❶

❷

❸

❹

❺

❻

❼

❽

❶

❷

❸

❹

❺

❻

❼

❽

구절과 문장 받아쓰기

✏️ 불러 주는 구절과 문장을 잘 듣고 받아쓰기 하세요.

❶

❷

❸

❹

❺

틀린 문장이 있다면
다시 써 보세요.

재미있는 말놀이

악어가 살고 있는 강을 건너려면 이중모음이 들어 있는 낱말을 밟고 지나
가야 해요. 안전한 징검다리 찾아서 무사히 강을 건너 보세요.

〈힌트〉 이중모음에는 'ㅑ, ㅕ, ㅛ, ㅠ, ㅘ, ㅝ, ㅢ, ㅒ, ㅖ, ㅙ, ㅞ'가 있어요.

✏️ 본말과 줄임말을 찾아서 짝지어 보세요.

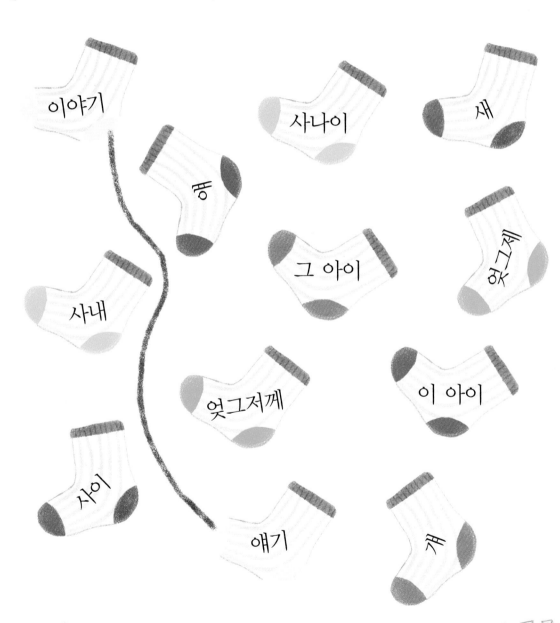

이야기

사나이

새

똥

그 아이

웃크제

사내

엊그저께

이 아이

사이

애기

개

받침이 있는 쉬운 글자
(초성+중성+종성) - 창[창]

초성 처음 소리인 자음. 예 '창'에서의 'ㅊ'

중성 중간 소리인 모음. 예 '창'에서의 'ㅏ'

종성 마지막 소리인 자음.
예 '창'에서의 'ㅇ'

받침 글자, 종성

한글은 초성, 중성, 종성으로 이루어져 있어요. 받침 글자인 종성이 없는 글자
도 있지만, 종성이 있는 경우, 종성까지 완벽하게 적어야 해요.
종성을 적지 않으면, 뜻을 알아볼 수 없거나 단어의 뜻이 달라져요.

'한글에서 끝소리로 되는 닿소리(자음)'를 받침 혹은 종성 이라고 해요.

받침

소와 손 자와 잔

받침

벼와 별 파와 팔

받침

나와 담 소와 솜

받침

초와 총 코와 콩

받침

구와 국 모와 목

받침

토와 톱 사와 삽

받침

자와 잣 오와 옷

받침

파와   무와

받침

수와 숲 이와 잎

자음 + 모음의 단어에
받침 자음이 더해지면,
다른 뜻을 가진 단어가 되어요.

① 받침이 없는 글자 아래에 자음자를 붙여서 만들어요.

'차'에 'ㅇ'을 붙이면 '창'이 되어요.

자음자와 모음자로 이루어진 글자에 자음자를 더하면, 받침이 있는 글자를 만들 수 있어요. 받침이 있는 한 글자 단어를 생각해 보세요.

② 자음자와 모음자와 자음자의 결합으로 이루어져요.

창 ➡ ㅊ + ㅏ + ㅇ

초성 + 중성 + 종성

받침이 생기면 뜻이 달라지는 글자

소   손   파   팔

받침이 있는 글자의 짜임에 맞게 빈칸에 옮겨 써 보세요.

창 ➡ ㅊ + ㅏ + ㅇ

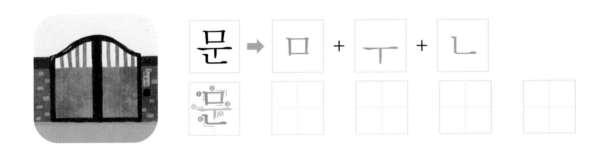

문 ➡ ㅁ + ㅜ + ㄴ

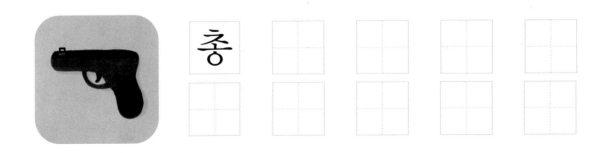

총

낱말을 소리 내어 읽은 후 빈칸에 따라 쓰세요.

 방 울

 연 필

 양 말

 흉 내

✏️ 자음 + 모음(ㅗ, ㅛ, ㅜ, ㅠ, ㅡ) + 자음이 합쳐진 글자는 ◇ 모양에 맞춰 써요.

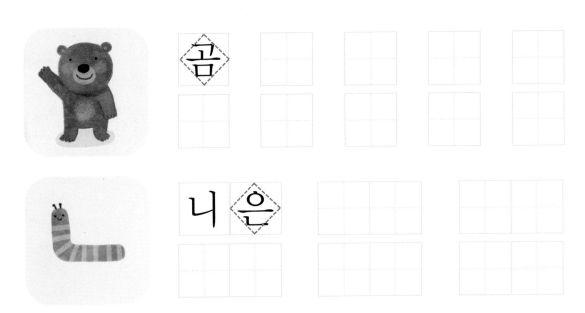

곰

니은

✏️ 자음 + 모음(ㅗ, ㅛ, ㅡ)이 합쳐진 글자는 △ 모양에 맞춰 써요.

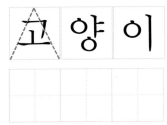

고 양 이

토 닥
토 닥

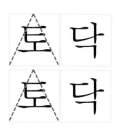  

자음 + 모음(ㅏ, ㅑ, ㅐ, ㅔ, ㅣ)이 합쳐진 글자는 ◁ 모양에 맞춰 써요.

다 람 쥐

민 들 레

전 화 기

43

보기에서 알맞은 낱말을 찾아 빈칸에 써 보세요.

보기 　　돈　　팔　　선생님　　승용차　　받침　　흉내

❶ 어깨와 손목 사이의 부분을 [　　] 이라고 합니다.

❷ [　　] 은 물건을 사고 팔 때 쓰는 화폐입니다.

❸ 말이나 행동을 그대로 본떠 하는 짓을 [　　　] 라고 합니다.

❹ [　　　] 은 한글에서 끝소리로 되는 닿소리를 말합니다.

❺ [　　　] 은 학생을 가르치는 사람을 높여 이르는 말입니다.

❻ [　　　] 는 사람이 타고 다니는 자동차입니다.

✏ 글자의 짜임에 맞게 빈칸에 옮겨 써 보세요.

❶ 쥐와 고양이

❷ 연필과 지우개

❸ 나는 기린입니다.

❹ 뒤뚱뒤뚱 아기 오리

❺ 곰이 춤을 춥니다.

낱말 받아쓰기

불러 주는 낱말을 잘 듣고 받아쓰기 하세요.

예쁘게
한 번 더
써 보세요.

❶

❷

❸

❹

❺

❻

❼

❽

❶

❷

❸

❹

❺

❻

❼

❽

✏️ 불러 주는 구절과 문장을 잘 듣고 받아쓰기 하세요.

❶

❷

❸

❹

❺

> 틀린 문장이 있다면
> 다시 써 보세요.

재미있는 말놀이

✏️ 앞사람의 말을 반복하고 한 개씩 새로운 낱말을 덧붙이는 〈말 덧붙이기 놀이〉를 해 보세요.

시장에 가면

시장에 가면
생선도 있고

→

시장에 가면
생선도 있고
떡볶이도 있고

→

시장에 가면
생선도 있고
떡볶이도 있고
장미꽃도 있고

↓

시장에 가면
생선도 있고
떡볶이도 있고
장미꽃도 있고
채소도 있고

←

시장에 가면
생선도 있고
떡볶이도 있고
장미꽃도 있고
채소도 있고
과일도 있고

←

시장에 가면
생선도 있고
떡볶이도 있고
장미꽃도 있고
채소도 있고
과일도 있고
옷도 있고

학교에 가면

학교에 가면	학교에 가면	학교에 가면
친구도 있고	친구도 있고	친구도 있고
	도 있고	도 있고
		도 있고

학교에 가면	학교에 가면	학교에 가면
친구도 있고	친구도 있고	친구도 있고
도 있고	도 있고	도 있고
도 있고	도 있고	도 있고
도 있고	도 있고	도 있고
도 있고	도 있고	
도 있고		

받침이 있는 어려운 글자

(초성+중성+종성) - 밭 [받]

초성 처음 소리인 자음. 예 '밭'에서의 'ㅂ'

중성 중간 소리인 모음. 예 '밭'에서의 'ㅏ'

종성 마지막 소리인 자음.
예 '밭'에서의 'ㅌ'

쓰는 소리와 읽는 글자가 다른 받침

우리말은 받침소리가 일곱 개의 대표음 으로만 나기 때문에 받아쓰기가 무척 어려워요. '부엌'으로 쓰고, [부억]으로 읽는 것은 받침 ㅋ 의 대표음이 ㄱ 이기 때문이에요. 받침의 경우는 대표음으로 발음되기 전 원래 자음이 무엇이었는지 생각해서 받아쓰기를 해야 해요.

어떻게 해결할까요?

ㄲ, ㅋ 받침은 대표음 ㄱ으로 소리 나요.

ㅅ, ㅆ, ㅈ, ㅊ, ㅌ 받침은 대표음 ㄷ으로 소리 나요.

ㅍ 받침은 대표음 ㅂ으로 소리 나요.

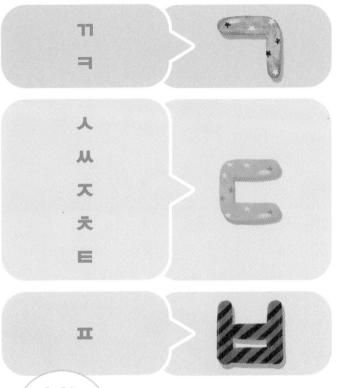

ㄲ ㅋ	ㄱ	밖[박] 부엌[부억]
ㅅ ㅆ ㅈ ㅊ ㅌ	ㄷ	옷[옫] 갔다[갇따] 곶감[곧깜] 꽃[꼳] 풀밭[풀받]
ㅍ	ㅂ	앞[압] 헝겊[헝겁]

[ ]은 발음을 나타낼 때 쓰는 기호예요.

부모님께 이렇게 설명해 주세요!

표준어 발음법 제4절 받침의 발음에서는 다음과 같이 규정하고 있어요.
제8항 받침소리로는 'ㄱ, ㄴ, ㄷ, ㄹ, ㅁ, ㅂ, ㅇ'의 7개 자음만 발음한다.
제9항 받침 'ㄲ, ㅋ', 'ㅅ, ㅆ, ㅈ, ㅊ, ㅌ', 'ㅍ'은 어말 또는 자음 앞에서 각각 대표음 [ㄱ, ㄷ, ㅂ]으로 발음한다.

받침이 있는 글자의 짜임

❶ 받침이 없는 글자 아래에 자음자를 붙여서 만들어요.

'수'에 'ㅍ'을 붙이면 '숲'이 되어요.

❷ 자음자와 모음자와 자음자의 결합으로 이루어져요.

숲 ➡ ㅅ + ㅜ + ㅍ

초성 + 중성 + 종성

숲이라고 쓰고, 받침 'ㅍ'의 대표음 'ㅂ'을 발음해서 [숩]으로 읽어요.

> : 은 낱말이 길게 소리날 때 사용하는 표시예요.

대표음 'ㄱ, ㄷ, ㅂ'으로 소리 나는 글자

키읔 [키윽]   윷 [윧ː]   늪 [늡]

✏️ 반침이 있는 글자의 짜임에 맞게 빈칸에 옮겨 써 보세요.

ㅂ + ㅜ + ㅅ ➡ 붓 [붇]

대표음으로 발음하는
받침을 주의해서
따라 쓰세요.

ㅇ + ㅣ + ㅍ ➡ 잎 [입]

그릇 [그른]

낱말을 소리 내어 읽은 후 빈칸에 따라 쓰세요.

부 억 [부억]

곶 감 [곧깜]

헝 겊 [헝ː겁]

꽃 [꼳]

✏️ 자음 + 모음(ㅗ, ㅛ, ㅡ)이 합쳐진 글자는 △ 모양에 맞춰 써요.

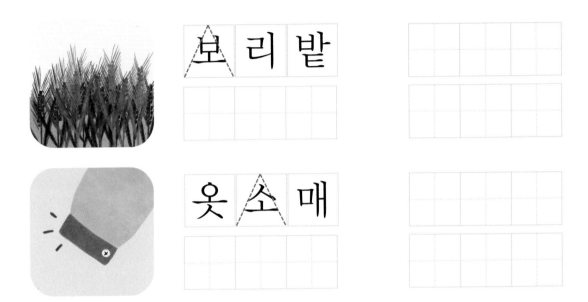

보 리 밭

옷 소 매

✏️ 자음 + 모음(ㅗ, ㅛ, ㅜ, ㅠ, ㅡ) + 자음이 합쳐진 글자는 ◇ 모양에 맞춰
써요.

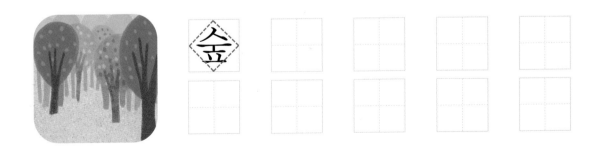

숲

송곳

풀잎

자음 + 모음(ㅏ, ㅑ, ㅓ, ㅕ, ㅣ)이 합쳐진 글자는 ◁ 모양에 맞춰 써요.

잎사귀

나뭇
더미

보기에서 알맞은 낱말을 찾아 빈칸에 써 보세요.

보기   붓   숲   부엌   곶감   밤낮   윷놀이

❶ '수풀'의 준말은 ☐ 입니다.

❷ ☐ 은 글씨를 쓰고 그림을 그리는 데 쓰는 물건입니다.

❸ 밤과 낮을 ☐☐ 이라고 합니다.

❹ ☐☐ 은 껍질을 벗기고 말린 감입니다.

❺ 밥을 짓고 음식을 만드는 곳을 ☐☐ 이라고 합니다.

❻ ☐☐☐ 는 윷으로 승부를 다투는 민속놀이입니다.

✏️ 글자의 짜임에 맞게 빈칸에 옮겨 써 보세요.

❶ 암컷과 수컷

❷ 나뭇더미 속에

❸ 호랑이와 곶감

❹ 가마솥과 누룽지

❺ 방긋방긋 웃는 아기

낱말 받아쓰기

✏️ 불러 주는 낱말을 잘 듣고 받아쓰기 하세요.

예쁘게
한 번 더
써 보세요.

❶

❷

❸

❹

❺

❻

❼

❽

❶

❷

❸

❹

❺

❻

❼

❽

구절과 문장 받아쓰기

✏️ 불러 주는 구절과 문장을 잘 듣고 받아쓰기 하세요.

1

2

3

4

5

> 틀린 문장이 있다면
> 다시 써 보세요.

✎ 〈말꼬리로 말 잇기 놀이〉를 해 보세요. 노래를 부르면서 (보기)와 같이 알맞은 낱말을 써 보세요.

보기

모닥불 의 불을 맨 앞으로 보내면 불고기

❶ 콩팥 의 팥을 맨 앞으로 보내면

❷ 밥풀 의 풀을 맨 앞으로 보내면

❸ 곶감 의 감을 맨 앞으로 보내면

❹ 나무 의 무을 맨 앞으로 보내면

⑤ 밤낮 의 낮을 맨 앞으로 보내면

⑥ 방송 의 송을 맨 앞으로 보내면

⑦ 애국가 의 가을 맨 앞으로 보내면

⑧ 나뭇잎 의 잎을 맨 앞으로 보내면

⑨ 윷놀이 의 이을 맨 앞으로 보내면

⑩ 공부 의 부을 맨 앞으로 보내면

겹글자

같은 자음이 겹쳐서 이루어진 글자

'ㄲ, ㄸ, ㅆ, ㅉ, ㅃ' - 똥[똥]

같은 자음이 붙어 있는 초성의 겹글자

짜장면과 자장면은 모두 표준어이기 때문에, 겹글자로 써도 되고, 홑글자로 적어도 되지만, '짬뽕'은 '여러 가지 해물을 넣은 매콤한 중국 음식'이라는 뜻이고, '잠봉'은 '잠깐 서로 만남'을 뜻하는 다른 낱말이니 겹글자 적기에 주의해야 해요.

똑같은 자음자가 쌍둥이처럼 붙어 있는 겹글자는 된소리가 나요. 겹글자 에는 ㄲ, ㄸ, ㅃ, ㅆ, ㅉ 이 있어요.

깨, 꿩, 까치
꼬마, 까마귀, 꼬까신
꼭두각시, 꽁보리밥

땅, 떡, 딸기, 뜀틀
따오기, 뚝배기, 딱따구리
딱지치기

뼈, 빵
빨리, 빨래
뼈다귀, 뻥튀기
뻐드렁니
삐뚤삐뚤

씨, 쌀, 썰매, 씨름
쌍둥이, 씀바귀, 쌔근쌔근
쓰레받기

짝, 찜, 팔찌
쪽지, 쨍그랑, 찌꺼기
짤랑짤랑, 쭈뼛쭈뼛

꽁 치

딸 기

빵

쌀

짱 구

★ **짱구** 이마나 뒤통수가 남달리 크게 튀어나온
머리통. 또는 그런 머리통을 가진 사람.

초성이 겹글자로 바뀌면, 뜻이 달라지는 단어

장 구 와 짱 구 　　　 벼 와 뼈

개 와 깨 　　　 덕 과 떡 　　　 시 와 씨

소리 내어 읽고
순서에 맞게 따라 쓰기

✏️ 글자의 짜임에 맞게 빈칸에 옮겨 써 보세요.

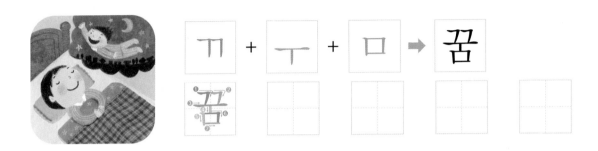

ㄲ + ㅜ + ㅁ ➡ 꿈

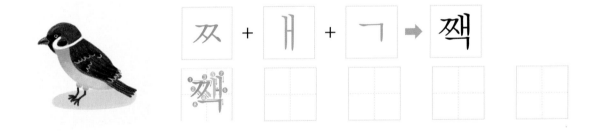

ㅉ + ㅐ + ㄱ ➡ 짹

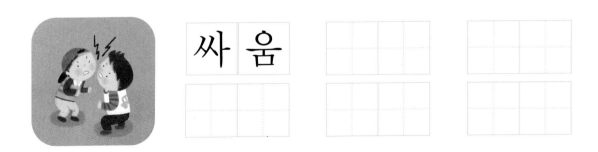

싸 움

낱말을 소리 내어 읽은 후 빈칸에 따라 쓰세요.

뚜껑

짬뽕

붕어빵

쌍둥이

글꼴에 맞게 예쁘게 글씨 쓰기

✏️ 자음 + 모음(ㅜ, ㅠ)이 합쳐진 글자는 ◇ 모양에 맞춰 써요.

꾸 지 람

뿌 리

✏️ 자음 + 모음(ㅗ, ㅛ, ㅡ) + 자음이 합쳐진 글자는 △ 모양에 맞춰 써요.

쓰 레 기

쪼 가 리

자음 + 모음(ㅏ, ㅑ, ㅓ, ㅕ, ㅣ)이 합쳐진 글자는 ◁ 모양에 맞춰 써요.

까 치

머 리 띠

찌 개

71

어휘력 키우기

✏️ 〔보기〕에서 알맞은 낱말을 찾아 빈칸에 써 보세요.

〔보기〕 뿔   쌀   찌개   꾸지람   뻐꾸기   쪼가리

❶ 벼의 껍질을 벗긴 알맹이를 ☐ 이라고 합니다.

❷ ☐ 은 짐승의 머리 위에 나는 단단하고 뾰족한 물질입니다.

❸ '뻐꾹뻐꾹' 우는 새는 ☐ 입니다.

❹ ☐ 는 고기나 채소에 된장 고추장 등을 풀어 끓인 음식입니다.

❺ 작은 조각을 ☐ 라고 합니다.

❻ ☐ 은 아랫사람의 잘못을 꾸짖는 말입니다.

✏️ 글자의 짜임에 맞게 빈칸에 옮겨 써 보세요.

① 주전자 뚜껑

② 뻐꾸기 둥지

③ 내 별명은 짱구

④ 토끼가 뛰어갑니다.

⑤ 김치찌개와 된장찌개

불러 주는 낱말을 잘 듣고 받아쓰기 하세요.

예쁘게
한 번 더
써 보세요.

①

②

③

④

⑤

⑥

⑦

⑧

①

②

③

④

⑤

⑥

⑦

⑧

구절과 문장 받아쓰기

✏️ 불러 주는 구절과 문장을 잘 듣고 받아쓰기 하세요.

❶

❷

❸

❹

❺

> 틀린 문장이 있다면 다시 써 보세요.

재미있는 말놀이

✏ 복이 한 보따리 들어가도록 겹글자 복주머니에 알맞은 낱말을 채우세요.

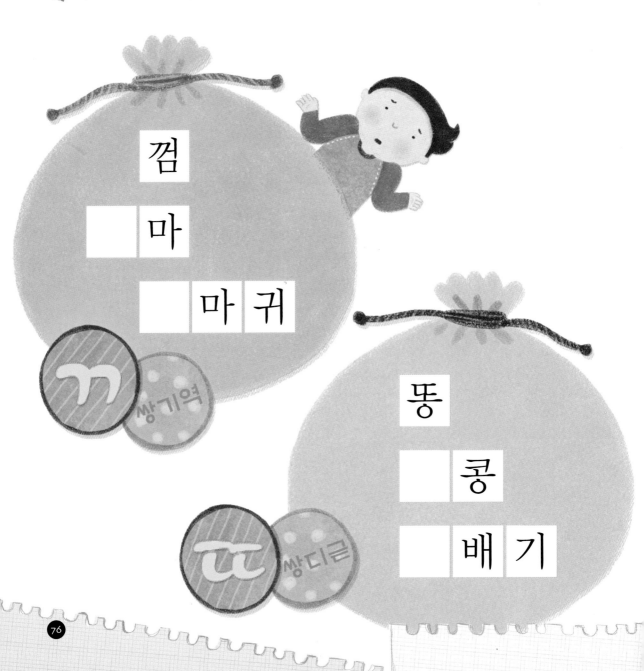

껌

☐마

☐마귀

ㄲ 쌍기역

똥

☐콩

☐배기

ㄸ 쌍디귿

76

빰 　 래

　 튀 기

쑥

　 름

　 바 귀

ㅆ 쌍시옷

ㅃ 쌍비읍

짝

팔 　

　 그 랑

ㅉ 쌍지읒

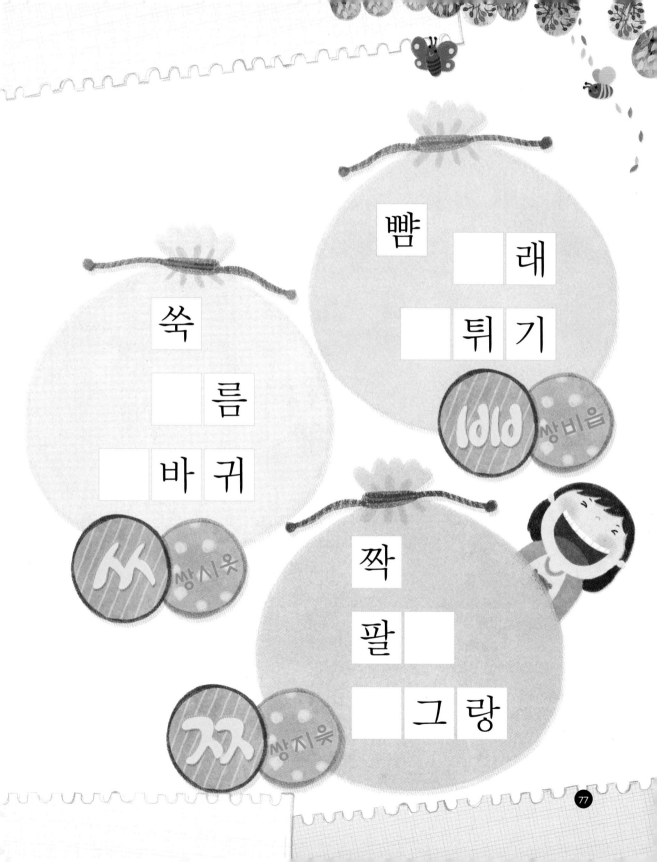

6단계

소리나 모양을 흉내 내는 글자

(의성어, 의태어) - 짹 [짹]

의성어 사람이나 사물의
소리를 흉내 낸 말

의태어 사람이나 사물의 모양이나
움직임을 흉내 낸 말

알록달록? 알쏭달쏭?

흉내 내는 말을 사용하면, 글을 이해하기 쉽고 재미있게 쓸 수 있어요.
하지만 상황에 어울리지 않는 표현을 쓴다면, 오히려 오해가 생길 수도
있으니 알맞은 표현을 잘 골라서 사용해야 해요.

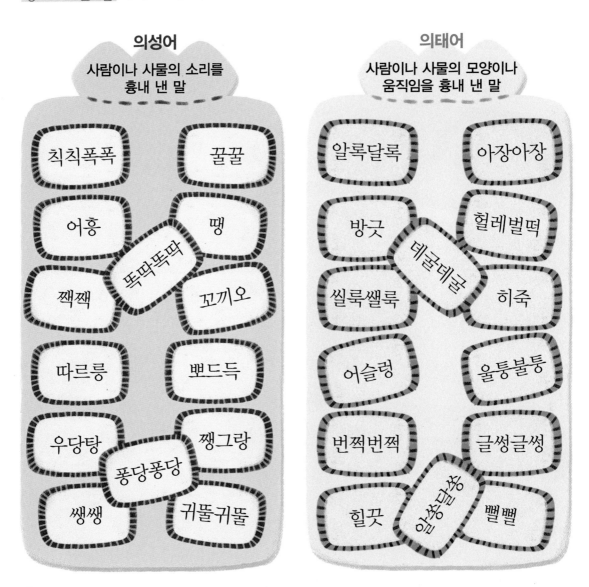

사물이나 사람의 소리, 모습이나 움직임을 흉내 내어 표현한 말을 흉내 내는 말이라고 해요.

의성어
사람이나 사물의 소리를 흉내 낸 말

칙칙폭폭　꿀꿀
어흥　땡　똑딱똑딱
짹짹　꼬끼오
따르릉　뽀드득
우당탕　쨍그랑
퐁당퐁당
쌩쌩　귀뚤귀뚤

의태어
사람이나 사물의 모양이나 움직임을 흉내 낸 말

알록달록　아장아장
방긋　헐레벌떡　데굴데굴
씰룩쌜룩　히죽
어슬렁　울퉁불퉁
번쩍번쩍　글썽글썽
힐끗　알쏭달쏭　뻘뻘

❶ **살랑살랑** 바람이 살랑살랑 분다.

강아지가 꼬리를 살랑살랑 흔든다.

물이 끓자, 김이 살랑살랑 올라온다.

❷ **철썩철썩** 파도가 바위에 철썩철썩 부딪친다.

친구의 등을 철썩철썩 쳤다.

흉내 내는 말

꿀 꿀

주 렁 주 렁

뻘 뻘

초 롱 초 롱

따 르 릉

✏️ 글자의 짜임에 맞게 빈칸에 옮겨 써 보세요.

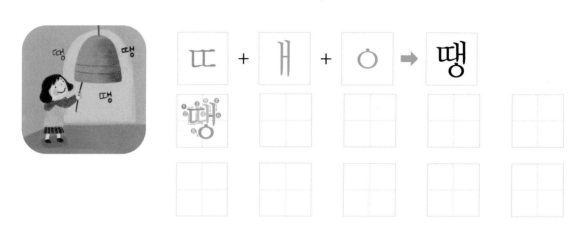

ㄸ + ㅐ + ㅇ ➡ 땡

ㅊ + ㅣ + ㄱ ➡ 칙

칙 칙
폭 폭

낱말을 소리 내어 읽은 후 빈칸에 따라 쓰세요.

짹 짹

깡 총
깡 총

철 썩
철 썩

반 짝
반 짝

글꼴에 맞게 예쁘게 글씨 쓰기

✏️ 자음 + 모음(ㅜ, ㅠ)이 합쳐진 글자는 ◇ 모양에 맞춰 써요.

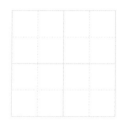

✏️ 자음 + 모음(ㅗ, ㅛ, ㅡ)이 합쳐진 글자는 △ 모양에 맞춰 써요.

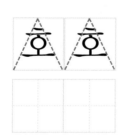

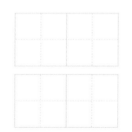

으쓱
으쓱

자음 + 모음(ㅏ, ㅑ, ㅐ, ㅔ, ㅣ)이 합쳐진 글자는 ◁ 모양에 맞춰 써요.

갸 우 뚱

삐뚤
삐뚤

개 굴
개 굴

어휘력 키우기

✏️ 보기에서 알맞은 낱말을 찾아 빈칸에 써 보세요.

┌───┐
│ 보기   뻘뻘   호호   우당탕   꼬끼오   갸우뚱   아장아장 │
└───┘

❶ 입김을 잇따라 내뿜는 소리 혹은 모양을 [　][　] 라고 합니다.

❷ [　][　][　] 은 땀을 매우 많이 흘리는 모양입니다.

❸ 물건이 요란스레 떨어지는 소리를 [　][　][　][　] 이라고 합니다.

❹ [　][　][　][　][　] 은 아기가 찬찬히 걷는 모양입니다.

❺ 수탉의 우는 소리를 [　][　][　][　] 라고 합니다.

❻ [　][　][　][　] 은 한쪽으로 약간 기울어진 모양입니다.

✎ 글자의 짜임에 맞게 빈칸에 옮겨 써 보세요.

❶ 입김을 호호

❷ 삐뚤빼뚤한 글씨

❸ 땀을 뻘뻘 흘리며

❹ 반짝반짝 작은 별

❺ 학교 종이 땡땡땡

낱말 받아쓰기

불러 주는 낱말을 잘 듣고 받아쓰기 하세요.

예쁘게
한 번 더
써 보세요.

❶

❷

❸

❹

❺

❻

❼

❽

❶

❷

❸

❹

❺

❻

❼

❽

구절과 문장 받아쓰기

✏️ 불러 주는 구절과 문장을 잘 듣고 받아쓰기 하세요.

❶

❷

❸

❹

❺

> 틀린 문장이 있다면
> 다시 써 보세요.

✏️ 흉내 내는 말의 단짝을 찾아서 선으로 잇고, 빈칸에 쓰면서 익혀 보세요.

삐	뚤	빼	뚤

삐뚤

상끗

싱글

티격

오순

쌜룩

칙칙

빌떡

앙쫑

불퉁

태격

도순

폭폭

울퉁

자기

깡충

아기

빼뚤

벙글

씰룩

받침이 뒤의 글자 첫소리로 발음되는 낱말

(연음법칙) - 국어 [구거]

앞의 받침이
뒤에 오는 글자의 첫소리로
발음되는 법칙

오뚝이와 오뚜기

오뚝이를 발음법칙에 맞게 [오뚜기]라고 정확히 읽어도,
쓰는 글자도 '오뚜기' 인 라면회사의 이름과 헷갈려서 실수를 할 수 있어요.
연음법칙도 쓰는 글자와 읽는 소리가 달라지므로 주의해야 해요.

어떻게 해결할까요?

자음으로 끝나는 음절에 모음으로 시작되는 음절이 이어질 때, 앞 글자의 끝소리가 뒤에 오는 글자의 첫소리로 발음되는 법칙을 연음법칙 이라고 해요.

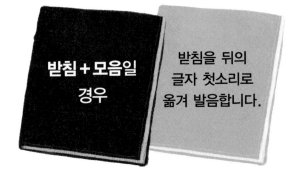

받침 + 모음일 경우 받침을 뒤의 글자 첫소리로 옮겨 발음합니다.

국어 [구거]
놀이 [노리]
높이 [노피]
웃음 [우슴]
음악 [으막]
글쓴이 [글쓰니]
달맞이 [달마지]
목요일 [모교일]
할아버지 [하라버지]
꽃을 [꼬츨]
낮에 [나제]
옆에 [여페]
밭에서 [바테서]

겹받침 + 모음일 경우 겹받침의 뒤 자음만 뒤의 글자 첫소리로 옮겨 발음합니다.

값은 [갑슨]
닭이 [달기]
몫은 [목슨]
흙이 [흘기]
까닭은 [까달근]

94

① 받침 + 모음일 경우

낱말

국어 넘어가서 소리 나는 받침 ㄱ

발음

[구거]

② 겹받침 + 모음일 경우

낱말

값은 넘어가서 소리 나는 받침 ㅅ

발음

[갑슨]

받침이 뒤 글자의 첫소리로 발음되는 낱말

웃음[우슴] 꽃을[꼬츨] 닭이[달기]

95

□안에 넘어가서 소리 나는 받침을 찾아 적고, 단어를 옮겨 써 보세요.

얼 음   넘어가서 소리 나는 받침 □   [어름]

앉 아   넘어가서 소리 나는 받침 □   [안자]

낱말을 소리 내어 읽은 후 빈칸에 따라 쓰세요.

놀이 [노리]

어린이 [어리니]

받아쓰기 [바다쓰기]

연음법칙으로
받침이 뒤의 글자로
넘어가 발음되기 전의
단어를 적어야 해요!

목요일 [모교일]

글꼴에 맞게 예쁘게 글씨 쓰기

✏️ 자음 + 모음(ㅗ, ㅛ, ㅜ, ㅠ, ㅡ) + 자음이 합쳐진 글자는 ◇ 모양에 맞춰 써요.

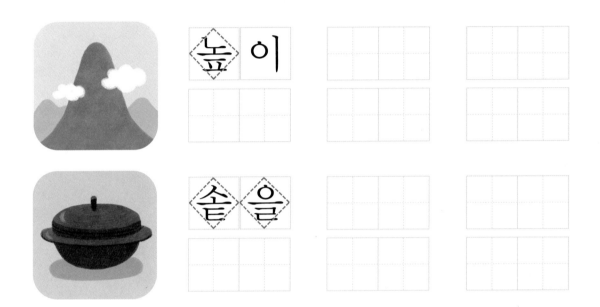

✏️ 자음 + 모음(ㅗ, ㅛ, ㅡ)이 합쳐진 글자는 △ 모양에 맞춰 써요.

오뚝이

자음 + 모음(ㅓ, ㅕ, ㅐ, ㅔ, ㅣ)이 합쳐진 글자는 ◁ 모양에 맞춰 써요.

거북이

배불
뚝이

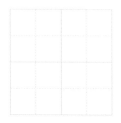

풀밭
에서

보기 에서 알맞은 낱말을 찾아 빈칸에 써 보세요.

보기   값   국어   글쓴이   달맞이   배불뚝이   할아버지

❶ 우리말을 [   ]라고 합니다.

❷ [   ]는 글을 쓴 사람입니다.

❸ 아버지의 아버지를 [   ]라고 합니다.

❹ [   ]는 배가 불뚝 나온 사람입니다.

❺ 사고파는 물건에 일정하게 매겨진 액수를 [   ]이라고 합니다.

❻ [   ]는 달이 뜨기를 기다려 맞이하는 일입니다.

구절과 문장으로 익히기

✏️ 글자의 짜임에 맞게 빈칸에 옮겨 써 보세요.

① 오뚝오뚝 오뚝이

② 배불뚝이 아저씨

③ 목요일에 만나요.

④ 소원을 말해 봐!

⑤ 받아쓰기는 어려워!

101

낱말 받아쓰기

불러 주는 낱말을 잘 듣고 받아쓰기 하세요.

예쁘게
한 번 더
써 보세요.

❶

❷

❸

❹

❺

❻

❼

❽

❶

❷

❸

❹

❺

❻

❼

❽

구절과 문장 받아쓰기

✏️ 불러 주는 구절과 문장을 잘 듣고 받아쓰기 하세요.

❶

❷

❸

❹

❺

틀린 문장이 있다면
다시 써 보세요.

알쏭달쏭 헷갈리기 쉬운 단어들이 줄지어 있어요. 맞게 쓴 것에 ○표를 하고, 쓰기 연습을 하세요.

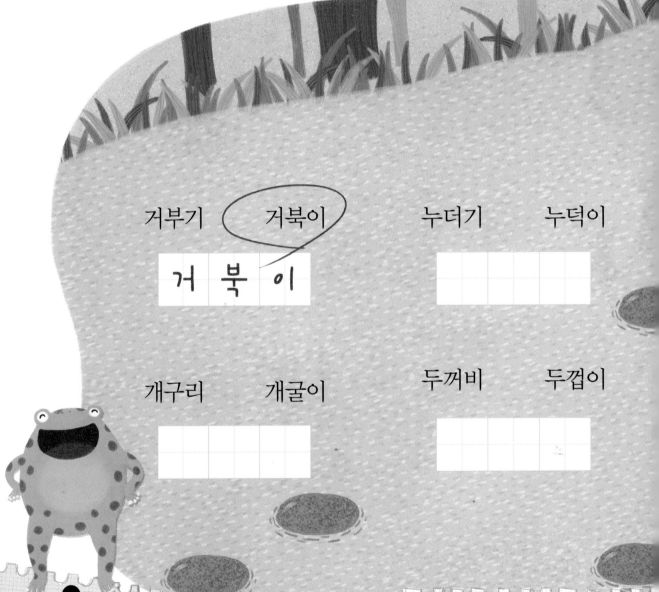

거부기   （거북이）   누더기   누덕이

거 북 이

개구리   개굴이   두꺼비   두껍이

깍두기   깍둑이   오뚜기   오뚝이

메뚜기   메뚝이   배불뚜기   배불뚝이

뻐꾸기   뻐국이   홀쭈기   홀쭉이

발음이 같아서 헷갈리는 글자

부치다 : 붙이다

발음이 같은, 부치다 와 붙이다

이렇게 발음이 같은 단어를 들을 때는, 앞뒤 상황을 파악해서
어떤 단어가 맞는지 생각해보아야 해요. 편지는 우체국에 '붙이는' 것보다
우체국에 가서 '부치는' 것이 더 자연스러운 행동이겠죠?

어떻게 해결할까요?

우리말에는 쓰는 글자는 달라도, 발음이 같아서 헷갈리는 글자가 많아요.

거름과 걸음

거름 식물이 잘 자라도록 흙에
주는 영양분

걸음 두 발을 옮겨 놓는 동작

느리다와 늘이다

느리다 어떤 동작을 하는 데
시간이 오래 걸리다.

늘이다 어떤 물건을 원래 크기
보다 더 길게 하다.

반드시와 반듯이

반드시 틀림없이

반듯이 물건이 비뚤어지지 않고
바른

부치다와 붙이다

부치다 편지나 물건을 보내다.

붙이다 붙게 하다.

벼가 튼튼하게 자랄 수 있도록 농부가 (거름, 걸음)을 주고 있다.

걸음이 (느린, 늘인) 민희는 자주 학원에 지각을 한다.

숙제는 매일매일 잊지 말고 (반드시, 반듯이) 해야 한다.

풀로 봉투의 입구를 (부친다, 붙인다).

발음이 같은 낱말

 거 름   걸 음
　　　[거름]

 갔 다   같 다
　　　[갇다]

✏️ 글자의 짜임에 맞게 빈칸에 옮겨 써 보세요.

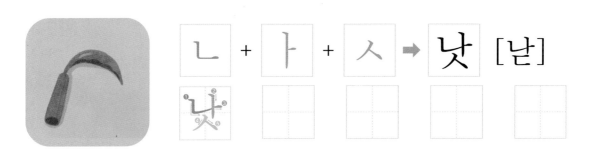

ㄴ + ㅏ + ㅅ ➡ 낫 [낟]

ㄴ + ㅏ + ㅈ ➡ 낮 [낟]

낮 잠

낱말을 소리 내어 읽은 후 빈칸에 따라 쓰세요.

빗

빚

빛

발음은 똑같이 [빋]으로 나는데, 쓰는 글자도 뜻도 모두 다르구나.

글꼴에 맞게 예쁘게 글씨 쓰기

✏️ 자음 + 모음(ㅗ, ㅛ, ㅡ)이 합쳐진 글자는 △ 모양에 맞춰 써요.

△ 리 다

반 △ 시

✏️ 자음 + 모음(ㅗ, ㅛ, ㅜ, ㅠ, ㅡ) + 자음이 합쳐진 글자는 ◇ 모양에 맞춰 써요.

◇ 이 다

늘 이 다

반 듯 이

 자음 + 모음(ㅏ, ㅑ, ㅓ, ㅕ, ㅣ)이 합쳐진 글자는 ◁ 모양에 맞춰 써요.

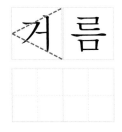
거 름

같 다

어휘력 키우기

보기에서 알맞은 낱말을 찾아 빈칸에 써 보세요.

| 보기 | 거름 | 걸음 | 반드시 | 반듯이 | 부치다 | 붙이다 |

❶ 틀림없이 꼭은 　　　　　라고 합니다.

❷ 　　　　　는 붙게 하다는 뜻입니다.

❸ 편지나 물건을 보내다를 　　　　　라고 합니다.

❹ 　　　　　는 비뚤어지지 않고 바르게 놓여 있는 모습입니다.

❺ 식물이 잘 자라도록 흙에 주는 영양분을 　　　　　이라고 합니다.

❻ 　　　　　은 두 발을 옮겨 놓는 동작입니다.

 글자의 짜임에 맞게 빈칸에 옮겨 써 보세요.

❶ 빛과 그림자

❷ 늘어나는 고무줄

❸ 낮에 난 도깨비

❹ 편지를 부쳤어요.

❺ 걸음아 날 살려라.

115

낱말 받아쓰기

불러 주는 낱말을 잘 듣고 받아쓰기 하세요.

예쁘게
한 번 더
써 보세요.

❶ 　　　❶

❷ 　　　❷

❸ 　　　❸

❹ 　　　❹

❺ 　　　❺

❻ 　　　❻

❼ 　　　❼

❽ 　　　❽

구절과 문장 받아쓰기

✏️ 불러 주는 구절과 문장을 잘 듣고 받아쓰기 하세요.

❶

❷

❸

❹

❺

> 틀린 문장이 있다면
> 다시 써 보세요.

재미있는 말놀이

알쏭달쏭 잘못 쓰기 쉬운 말이에요. 맞게 적은 단어를 찾아 ○표를 하고,
따라 써 보세요.

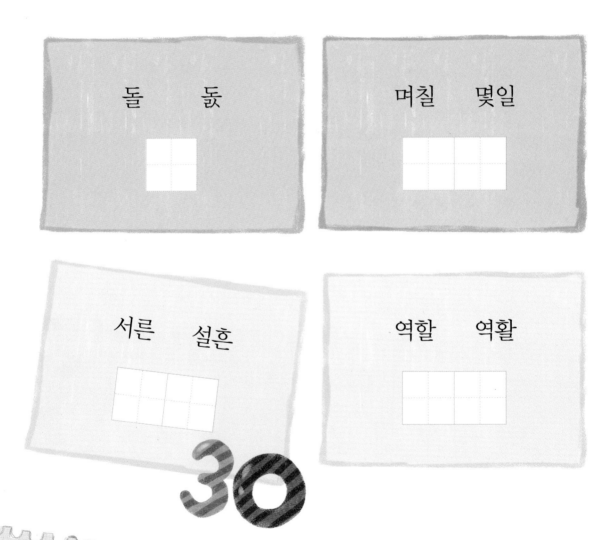

돌　　둟

며칠　　몇일

서른　　설흔

역할　　역활

30

거꾸로   꺼꾸로

꼭지점   꼭짓점

귀거리   귀걸이

더우기   더욱이

설거지   설겆이

딱다구리   딱따구리

틀리기 쉬운 글자

(-이, -히) - 깨끗이, 조용히

이, 히 구분하기

끝 글자가 분명히 이로만 소리 나는 것은 이로 적고,
히로만 나거나 이, 히로 모두 나는 것은 히로 적어야 해요.
하지만 위에 말한 법칙은 기본 원칙에 해당하고 여러 가지 예외 경우도
존재하기 때문에, 단어별로 익숙하게 익혀 두어야 해요.

우리말에는 끝소리를 이 나 히 로 구별해야 써야 하는 낱말이 많아요.

받침이 'ㅅ'으로 끝나면

받침이 'ㄱ'으로 끝나는 우리말은

가벼이, 가까이, 겹겹이, 곰곰이
끔찍이, 깨끗이, 나날이, 낱낱이
느긋이, 따뜻이, 반듯이, 알알이
수북이, 집집이, 틈틈이

받침이 'ㄴ'으로 끝나면

받침이 'ㄱ'으로 끝나는 한자어는

가만히, 공평히, 과감히, 꼼꼼히
꾸준히, 다행히, 고요히, 도저히
분명히, 소홀히, 솔직히, 엄격히
열심히, 영원히, 정확히, 조용히

글자가 반복되는 경우 '~하다'가 있으면 '~히', 없으면 '~이'

꼼꼼하다(○) ➡ 꼼꼼히

곰곰하다(X) ➡ 곰곰이

헷갈리는 '이'와 '히' 구분하기

깨끗하다 ➡ ㅅ 으로 끝났으므로 ➡ 깨끗이

솔직(率直)하다 ➡ ㄱ 으로 끝나는 한자어 ➡ 솔직히

'이'나 '히'로 소리 나는 글자

가 벼 이

수 북 이

과 감 히

조 용 히

✏️ 글자의 짜임에 맞게 빈칸에 옮겨 써 보세요.

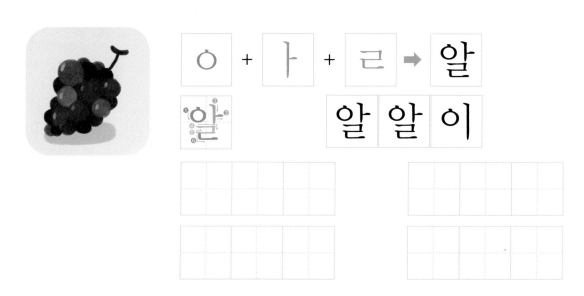

ㅇ + ㅏ + ㄹ ➡ 알

알   알 알 이

ㄱ + ㅣ + ㄹ ➡ 길

길   길 길 이

★ **길길이** 화가 나서
　　　 펄펄 뛰는 모양

124

낱말을 소리 내어 읽은 후 빈칸에 따라 쓰세요.

곰 곰 이

낱 낱 이

열 심 히

정 확 히

✏️ 자음 + 모음(ㅗ, ㅛ, ㅜ, ㅠ, ㅡ) + 자음이 합쳐진 글자는 ◇ 모양에 맞춰
써요.

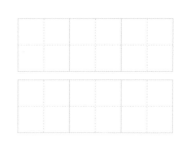

✏️ 자음 + 모음(ㅗ, ㅛ, ㅡ)이 합쳐진 글자는 △ 모양에 맞춰 써요.

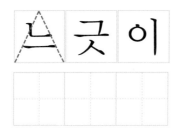

 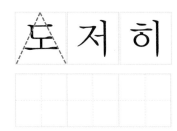　도 저 히

 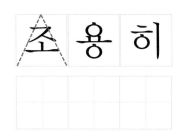　초 용 히

자음 + 모음(ㅏ, ㅑ, ㅐ, ㅔ, ㅣ)이 합쳐진 글자는 ◁ 모양에 맞춰 써요.

 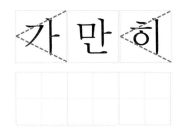　가 만 히

 　깨 끗 이

✏️ 보기 에서 알맞은 낱말을 찾아 빈칸에 써 보세요.

보기   곰곰이   깨끗이   도저히   열심히   수북이   조용히

❶ ☐☐☐☐   운동하면 몸이 튼튼해져.

❷ ☐☐☐   생각하여 보면 알 수 있어.

❸ 배가 불러서 ☐☐☐☐   더 못 먹겠어.

❹ 쓰레기가 ☐☐☐   쌓여서 보기 흉하다.

❺ 도서실에서는 ☐☐☐   책을 읽어야 해.

❻ 방이 좀 지저분하네. 우리 ☐☐☐   치우자.

구절과 문장으로 익히기

✏️ 글자의 짜임에 맞게 빈칸에 옮겨 써 보세요.

❶ 청소를 깨끗이

❷ 공부를 열심히

❸ 곰곰이 생각해요.

❹ 꾸준히 노력해요.

❺ 조용히 책을 읽자!

낱말 받아쓰기

✏️ 불러 주는 낱말을 잘 듣고 받아쓰기 하세요.

예쁘게
한 번 더
써 보세요.

❶

❷

❸

❹

❺

❻

❼

❽

❶

❷

❸

❹

❺

❻

❼

❽

구절과 문장 받아쓰기

✏️ 불러 주는 구절과 문장을 잘 듣고 받아쓰기 하세요.

❶

❷

❸

❹

❺

> 틀린 문장이 있다면
> 다시 써 보세요.

이제 '이'와 '히'를 구별하여 쓸 수 있나요? 빈칸에 알맞은 글자를 채워 넣고, 다시 한 번 쓰면서 익혀 보세요.

❶ 깨 끗

❷ 조 용

❸ 열 심

❹ 도 저

⑤ 꾸 준

⑥ 가 까

⑦ 곰 곰

⑧ 솔 직

⑨ 알 알

⑩ 반 듯

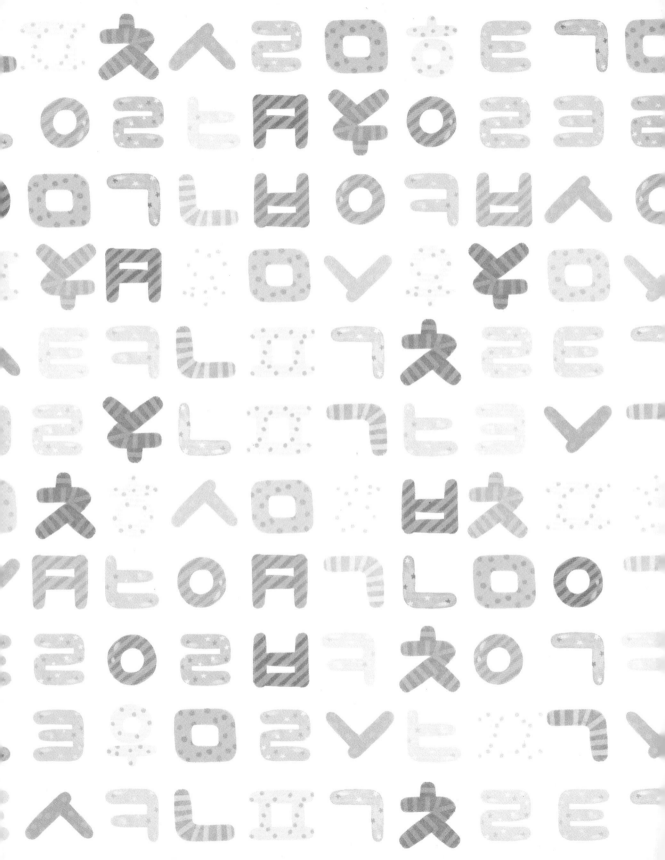

1단계

| 16 | ❶ 아이 ❷ 우유 ❸ 바구니 ❹ 사다리 ❺ 타조 ❻ 베개 |

| 18 | ❶ 너 ❷ 그네 ❸ 오리 ❹ 타조 ❺ 베개 ❻ 어머니 ❼ 바구니 ❽ 무지개 |

| 19 | ❶ 우리는 하나 ❷ 지우개와 가위 ❸ 마차를 타세요.
❹ 배가 아파 배나무 ❺ 아! 이가 아파요. |

| 20 | 가오리, 개구리, 개나리, 고사리, 너구리, 대머리, 도토리, 멍텅구리, 메아리, 미나리, 벙어리, 병아리, 송사리, 오소리, 코끼리 등 |

| 21 | ㅇ : 아이 – 애국가 – 어린이 – 에어컨 – 오이 – 외국 – 우유 – 위장 – 으뜸 – 이야기
ㄱ : 가발 – 개나리 – 거북이 – 게시판 – 고물 – 괴물 – 구름 – 귀신 – 그릇 – 기차
ㄴ : 나라 – 내일 – 너구리 – 네모 – 노래 – 뇌우 – 누나 – 뉘우침 – 느낌표 – 니은
※ 위의 답 외에도 다양한 단어를 사전에서 찾아보세요! |

2단계

| 30 | ❶ 벼 ❷ 차표 ❸ 시계 ❹ 의자 ❺ 휴지 ❻ 요리사 |

| 32 | ❶ 벼 ❷ 사과 ❸ 시계 ❹ 야구 ❺ 의자 ❻ 효도 ❼ 휴지 ❽ 기차표 |

| 33 | ❶ 애는 누구니? ❷ 무늬가 예뻐요. ❸ 차례를 지켜요.
❹ 돼지고기와 소고기 ❺ 누나는 요리사예요. |

| 34 | 우유 – 의사 – 표범 – 돼지 – 왜가리 – 계란 – 샤워 – 두유 – 과일 – 유치원 – 요정 |

| 35 | 사나이 – 사내, 그 아이 – 걔, 이 아이 – 얘, 엊그저께 – 엊그제, 사이 – 새 |

3단계

| 44 | ❶ 팔 ❷ 돈 ❸ 흉내 ❹ 받침 ❺ 선생님 ❻ 승용차 |

| 46 | ❶ 돈 ❷ 팔 ❸ 기역 ❹ 받침 ❺ 연필 ❻ 창문 ❼ 흉내 ❽ 선생님 |

| 47 | ❶ 쥐와 고양이 ❷ 연필과 지우개 ❸ 나는 기린입니다.
❹ 뒤뚱뒤뚱 아기 오리 ❺ 곰이 춤을 춥니다. |

| 49 | 선생님, 운동장, 그네, 시소, 교실, 책상, 의자, 칠판, 지우개, 사물함, 신발장 등 |

4단계

| 58 | ❶ 숲 ❷ 붓 ❸ 밤낮 ❹ 곶감 ❺ 부엌 ❻ 윷놀이 |

| 60 | ❶ 팥 ❷ 숲 ❸ 곶감 ❹ 무릎 ❺ 송곳 ❻ 헝겊 ❼ 가마솥 ❽ 잎사귀 |

| 61 | ❶ 암컷과 수컷 ❷ 나뭇더미 속에 ❸ 호랑이와 곶감
❹ 가마솥과 누룽지 ❺ 방긋방긋 웃는 아기 |

| 62 | ❶ 팥죽 ❷ 풀잎 ❸ 감자 ❹ 무릎 |

| 63 | ❺ 낮잠 ❻ 송곳 ❼ 가마솥 ❽ 잎사귀 ❾ 이름표 ❿ 부엌 |

※ 위의 답 외에도 다양한 단어를 사전에서 찾아보세요!

5단계

| 72 | ❶ 쌀 ❷ 뿔 ❸ 뻐꾸기 ❹ 찌개 ❺ 쪼가리 ❻ 꾸지람 |

| 74 | ❶ 뿔 ❷ 쌀 ❸ 까치 ❹ 딸기 ❺ 뿌리 ❻ 찌개 ❼ 붕어빵 ❽ 쓰레기 |

| 75 | ❶ 주전자 뚜껑 ❷ 뻐꾸기 둥지 ❸ 내 별명은 짱구
❹ 토끼가 뛰어갑니다. ❺ 김치찌개와 된장찌개 |

| 76 | 껌 – 꼬마 – 까마귀, 똥 – 땅콩 – 뚝배기 |
| 77 | 빰 – 빨래 – 뻥튀기, 쑥 – 씨름 – 씀바귀, 짝 – 팔찌 – 쨍그랑 |

6단계

86	❶ 호호 ❷ 뻘뻘 ❸ 우당탕 ❹ 아장아장 ❺ 꼬끼오 ❻ 갸우뚱
88	❶ 호호 ❷ 뻘뻘 ❸ 꼬끼오 ❹ 우당탕 ❺ 갸우뚱 ❻ 아장아장
	❼ 깡충깡충 ❽ 데굴데굴
89	❶ 입김을 호호 ❷ 삐뚤빼뚤한 글씨 ❸ 땀을 뻘뻘 흘리며
	❹ 반짝반짝 작은 별 ❺ 학교 종이 땡땡땡
90	싱글벙글, 티격태격, 오순도순, 알쏭달쏭, 칙칙폭폭, 씰룩쌜룩, 아기자기, 울퉁불퉁, 헐레벌떡

7단계

96	ㄹ, ㅈ
100	❶ 국어 ❷ 글쓴이 ❸ 할아버지 ❹ 배불뚝이 ❺ 값 ❻ 달맞이
102	❶ 앉아 ❷ 얼음 ❸ 글쓴이 ❹ 목요일 ❺ 거북이 ❻ 오뚝이
	❼ 배불뚝이 ❽ 할아버지
103	❶ 오뚝오뚝 오뚝이 ❷ 배불뚝이 아저씨 ❸ 목요일에 만나요.
	❹ 소원을 말해 봐! ❺ 받아쓰기는 어려워!
104	개구리, 깍두기, 누더기, 두꺼비, 메뚜기, 배불뚝이, 뻐꾸기, 오뚝이, 홀쭉이

8단계

109	거름, 느린, 반드시, 붙인다
114	❶ 반드시 ❷ 붙이다 ❸ 부치다 ❹ 반듯이 ❺ 거름 ❻ 걸음
116	❶ (농기구) 낫 ❷ (해가 떠 있는) 낮 ❸ (머리를 빗는) 빗 ❹ (밝고, 환한) 빛
	❺ (식물이 잘 자라도록 땅에 뿌리는) 거름 ❻ (두 발로 걷는) 걸음
	❼ (틀림없이 꼭) 반드시 ❽ (기울거나 굽지 않고 바르게) 반듯이
117	❶ 빛과 그림자 ❷ 늘어나는 고무줄 ❸ 낮에 난 도깨비
	❹ 편지를 부쳤어요. ❺ 걸음아 날 살려라.
118	돌, 며칠, 서른, 역할
119	거꾸로, 꼭짓점, 귀걸이, 더욱이, 설거지, 딱따구리

9단계

128	❶ 열심히 ❷ 곰곰이 ❸ 도저히 ❹ 수북이 ❺ 조용히 ❻ 깨끗이
130	❶ 깨끗이 ❷ 도저히 ❸ 꾸준히 ❹ 가까이 ❺ 곰곰이 ❻ 솔직히
	❼ 알알이 ❽ 반듯이
131	❶ 청소를 깨끗이 ❷ 공부를 열심히 ❸ 곰곰이 생각해요.
	❹ 꾸준히 노력해요. ❺ 조용히 책을 읽자!
132	❶ 깨끗이 ❷ 조용히 ❸ 열심히 ❹ 도저히
133	❺ 꾸준히 ❻ 가까이 ❼ 곰곰이 ❽ 솔직히 ❾ 알알이 ❿ 반듯이